ELI-Lektüren: Texte für Leser jeden Alters. Von spannenden und aktuellen Geschichten bis hin zur zeitlosen Größe der Klassiker. Eine anspruchsvolle redaktionelle Bearbeitung, ein klares didaktisches Konzept und ansprechende Illustrationen begleiten den Leser durch die Geschichten, und Deutsch lernt man wie von selbst!

D1494168

Johanna Spyri

HEIDI

Nacherzählt von Barbara Sauser
Illustrationen von Chiara Armellini

Junge **ELI** Lektüren

Heidi
Johanna Spyri

Nacherzählt von Barbara Sauser
Übungen: Barbara Sauser
Redaktion: Iris Faigle
Illustrationen von Chiara Armellini

ELI-Lektüren
Konzeption:
Paola Accattoli, Grazia Ancillani, Daniele Garbuglia (Art Director)

Grafische Gestaltung
Airone Comunicazione - Sergio Elisei

Produktionsleitung
Francesco Capitano

Layout
Airone Comunicazione

Fotos
Shutterstock

© 2015 ELI s.r.l
B.P. 6 - 62019 Recanati - Italien
Tel. +39 071 750701
Fax +39 071 977851
info@elionline.com
www.elionline.com

Verwendeter Schriftsatz: Monotype Dante 13/18

Druck in Italien: Tecnostampa Recanati
ERT 125.01
ISBN 978-88-536-2017-0

Erste Auflage: Februar 2015

www.elireaders.com

Inhalt

Heidi

Geißenpeter

Klara

Alp-Öhi / Großvater

Großmutter

Großmama

Vor dem Lesen

1 Formuliere die Sätze zu Fragen um.

0 Die Stadt ist alt. _Ist die Stadt alt?_

1 Die Kleider sind schön. ....

2 Die Schuhe sind neu. ....

3 Die Frau ist jung. ....

4 Die Blume ist rot. ....

5 Das Kind ist glücklich. ....

6 Die Milch ist warm. ....

2 Setze die Wörter aus dem Kasten im Text ein.

oben • oben • oben • unten • unten

0 Auf dem Berg ....oben....... ist es kalt.

1 .... ist die Bäckerei, ... sind Wohnungen.

2 Von .... sieht man weit über das Land.

3 Im Winter ist es auch im Städtchen .... kalt.

3 Setze die Wörter aus dem Kasten im Text ein.

hinauf • hinauf • hinauf • hinunter • hinunter

0 Die Straße führt ......hinauf...... auf die Alp.

1 Heute Morgen gehe ich auf den Berg .... und heute Nachmittag komme ich wieder ....

2 Zu Fuß braucht man eine Stunde von der Alp bis .... zum Bahnhof.

3 „Darf der Hund .... in die Wohnung?"

4 Dativ oder Akkusativ?

0 Hol ....*mir*........ (mir/mich) einen Stuhl.

1 Hier gefällt es .... (mir/mich).

2 Ich bringe .... (dir/dich) ein Brot.

3 Du musst an .... (mir/mich) denken.

4 Kaufe bitte Käse für .... (mir/mich).

5 Ich helfe .... (dir/dich) gern.

6 Sie besucht .... (mir/mich) jeden Dienstag.

5 Setze die Präpositionen aus dem Kasten im Kurztext ein.

> auf • bei • in • mit • mit • ~~von~~ • zu

„Heidi" ist die Kurzform ......*von*....... „Adelheid". (1) ....
der Schweiz werden Mädchen oft (2) .... der
sächlichen Form bezeichnet. Das ist vor allem (3) ....
Kurzformen auf -i so: Nicht „die Heidi", sondern „das
Heidi" geht zu Besuch (4) .... „dem Gabi". Früher und
besonders (5) .... dem Land wurden auch erwachsene
Frauen (6) .... der sächlichen Form bezeichnet.

6 Schreibe die Wörter aus der Liste am richtigen Ort hin.

> Berg • Alphütte • Tanne • Felsen • Schnee •
> Gras • Ziege/Geiß

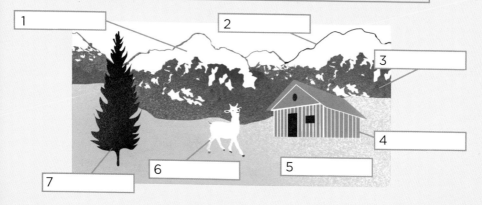

Kapitel 1

Heidi lernt Alp-Öhi kennen

▶ 2 An einem hellen, sonnigen Junimorgen gehen eine junge Frau und ein Kind vom alten Städtchen Maienfeld aus hinauf in die Berge. Es ist heiß[1]. Das Kind ist viel zu warm angezogen. Es trägt zwei oder drei Kleider übereinander[2]. Nach einer Stunde kommen sie in ein kleines Dorf. Eine Frau sieht sie, begrüßt sie und fragt: „Dete, ist das das Kind deiner gestorbenen Schwester?"

„Ja, das ist Heidi. Ich will mit ihm hinauf zum Alp-Öhi. Es muss bei ihm wohnen."

„Was, beim Alp-Öhi soll das Kind wohnen? Wie kannst du so etwas machen!"

„Das Kind ist bei mir, seit seine Eltern gestorben sind. Aber jetzt bekomme ich eine gute Arbeit in Frankfurt, und der Großvater muss es nehmen."

„Das arme[3] Kind! Der alte Mann spricht mit niemandem und blickt immer böse."

[1] **heiß** sehr warm
[2] **übereinander** eine Sache über der anderen
[3] **arm** in einem Zustand, der Mitleid erregt, bedauernswert

„Aber er ist der Großvater", sagt Dete und blickt sich um: „Oh, wo ist Heidi?"

„Dort, ich sehe es", sagt die Freundin, „es läuft mit dem Geißenpeter und seinen Ziegen[1] über die Weide[2]."

Dete geht allein weiter bis zu einer alten Alphütte und wartet dort auf Heidi. In der Hütte wohnen der elfjährige Geißenpeter, die Großmutter und die Mutter, die „Geißenpeterin". Jeden Morgen holt Peter unten im Dorf die Ziegen und geht mit ihnen auf die Alp.

Als Heidi und Peter kommen, ruft[3] Dete: „Heidi! Wie siehst du aus? Wo hast du deine Röcke[4] und die neuen Schuhe? Warum bist du im Unterrock? Wo sind deine Kleider?"

„Dort unten. Ich brauche sie nicht mehr."

„Ach, du dummes Heidi! Peter, hol mir die Kleider!"

Peter läuft den Berg hinunter und kommt mit den Kleidern zurück. Heidi und Dete gehen weiter den Berg hinauf, bis sie bei der Hütte von

---

[1] **e Ziege, n** mittelgroßes Tier mit Hörnern, das man wegen seiner Milch hält
[2] **e Weide, n** Stück Land, auf dem Haustiere Gras fressen

[3] **rufen, rief, gerufen** mit lauter Stimme sprechen
[4] **r Rock, ¨e** Kleidungsstück für Frauen

Alp-Öhi sind. Dieser sitzt vor der Hütte auf einer Bank. „Guten Abend, Großvater!", sagt Heidi.

„So, so, was soll das heißen?", fragt der Alte und gibt dem Kind die Hand.

„Guten Tag, Öhi", sagt Dete. „Ich bringe Ihnen das Kind von Ihrem Sohn Tobias."

„So, und was soll das Kind bei mir?"

„Es muss bei Ihnen wohnen. Machen Sie mit dem Kind, was Sie wollen."

Der Öhi steht auf und ruft wütend[1]: „So lass mir das Kind da und geh weg, Dete! Komm nicht so bald wieder[2]!"

„Auf Wiedersehen, und auch auf Wiedersehen Heidi!", sagt Dete schnell und geht.

Der Öhi setzt sich wieder auf die Bank und sagt kein Wort. Heidi geht um die Hütte herum. dann geht es zum Großvater und sagt: „Ich will sehen, was in der Hütte ist."

„So komm", sagt der Großvater.

In der Hütte stehen ein Tisch, ein Stuhl und ein Bett. Heidi fragt: „Wo schlafe ich, Großvater?"

---

[1] **wütend** mit einem starken Gefühl des Ärgers, böse auf jemanden

[2] **wieder** nicht zum ersten Mal, sondern von Neuem

„Wo du willst."

Heidi will oben im Heu[1] schlafen. Der Grossvater hilft Heidi, ein Bett zu machen. Zum Mittagessen essen sie gebratenen[2] Käse und Brot, dazu trinken sie heiße Milch. Es schmeckt wunderbar!

Als es Abend wird, fangen die alten Tannen[3] vor dem Haus zu rauschen[4] an. Der Geißenpeter kommt mit den Ziegen von der Alp. Eine weiße und eine braune Ziege gehen zum Großvater.

„Gehören sie uns?", fragt Heidi.

„Ja. Die weiße heißt Schwänli und die braune Bärli", sagt der Großvater. „Jetzt geh schlafen. Ich muss zu den Ziegen. Gute Nacht."

Wenig später schläft Heidi wunderbar in seinem Heubett. Am Morgen weiß es zuerst nicht, wo es ist. Aber dann hört es den Großvater. Froh läuft Heidi hinaus vor die Hütte. Der Geißenpeter ist mit seinen Ziegen schon da! Der Großvater holt gerade Schwänli und Bärli.

„Du kannst mit auf die Weide", sagt der Großvater.

---

[1] **s Heu** *(nur Sg.)* getrocknetes Gras, das man dem Vieh als Futter gibt
[2] **gebraten** in heißem Fett oder über dem Feuer braun geworden
[3] **e Tanne, n** Baum mit blaugrünen Nadeln und aufrecht stehenden Zapfen
[4] **rauschen** ein gleichmäßiges Geräusch machen, wie man es z.B. bei einem Fluss hört

HEIDI

Heidi freut sich. Der Großvater gibt Peter Brot, Käse und ein Schüsselchen[1] für Heidi und sagt: „Gib Heidi am Mittag zwei Schüsselchen Milch zu trinken! Und Vorsicht bei den Felsen[2]!"

Der Himmel ist blau, die Sonne scheint, auf der Alpweide wachsen blaue, gelbe und rote Blumen. Die Luft riecht wunderbar. Heidi und Peter setzen sich ins Gras. Heidi lernt alle Ziegen kennen.

„Die schönsten Ziegen von allen sind aber Schwänli und Bärli", sagt es.

„Das weiß ich. Der Alp-Öhi wäscht sie oft, und sie haben den schönsten Stall."

Den ganzen Tag sind Heidi und Peter auf der Alp. Am Abend verschwindet[3] die Sonne hinter den Bergen, alles wird golden[4]. Als Heidi das sieht, ruft es: „Peter! Es brennt, es brennt[5]! Alle Berge brennen, und der Schnee[6] und der Himmel brennen auch!"

„Das ist immer so, aber es ist kein Feuer", sagt Peter.

---

[1] s Schüsselchen, - kleines, tiefes Gefäß
[2] r Felsen, - großer Block aus Stein
[3] verschwinden, verschwand, verschwunden von einem Ort weggehen und dort nicht mehr zu sehen sein
[4] golden gelb glänzend
[5] brennen, brannte, gebrannt in Flammen stehen wie ein Feuer
[6] r Schnee (nur Sg.) weiße Flocken, die im Winter statt Regen auf die Erde fallen

„Was ist es denn?"

„Es kommt einfach so."

„Wunderschön! Oh, aber jetzt werden die Berge ja grau! Oh! Jetzt ist alles fertig!"

„Morgen ist es auch wieder so. Steh auf, wir müssen nach Hause."

Der Großvater sitzt auf der Bank. Heidi erzählt ihm alles, von den Blumen, von den Ziegen und vom brennenden Schnee am Abend.

„Das ist die Sonne, die den Bergen gute Nacht sagt", erklärt der Großvater.

Heidi freut sich schon auf den nächsten Abend. Es träumt die ganze Nacht von Bergen, Blumen und Ziegen. ◾

Lesen & Lernen

1 **Wer ist mit Heidi wie verwandt? Setze die Wörter an der richtigen Stelle ein.**

> Vater • Schwester • Eltern • ~~Großvater~~ • Tante • Sohn • Mutter

0 Alp-Öhi ist der .....*Großvater*.... von Heidi.

1 Heidi hat keine .... mehr.

2 Dete ist die .... von Heidi.

3 Die .... von Dete ist gestorben.

4 Sie war die .... von Heidi.

5 Tobias war der .... von Heidi.

6 Tobias war der .... von Alp-Öhi.

2 **Wer sagt was zu wem?**

0 ☐*b* „So, und was soll das Kind bei mir?"

1 ☐ „Ist das das Kind deiner gestorbenen Schwester?"

2 ☐ „Steh auf, wir müssen nach Hause."

3 ☐ „Ich bringe Ihnen das Kind von Ihrem Sohn Tobias."

4 ☐ „Wo hast du deine Röcke und die neuen Schuhe?"

5 ☐ „Wie heißen die Ziegen?"

6 ☐ „Das ist die Sonne, die den Bergen gute Nacht sagt."

a Heidi zu Peter

b Alp-Öhi zu Dete

c Peter zu Heidi

d Alp-Öhi zu Heidi

e Dete zu Alp-Öhi

f Die Freundin zu Dete

g Dete zu Heidi

3 **Stelle dich vor.**

Name? ....

Alter? ....

Wohnort? ....

Familie? ....

Hobbys? ....

Lieblingsfarbe? ....

Lieblingstier? ....

Vor dem Lesen

4 **Wie lautet das Gegenteil?**

0 Ist die Milch warm oder ....*kalt*........ ?

1 Vergeht der Morgen schnell oder .... ?

2 Ist es draußen hell oder .... ?

3 Ist das Dorf groß oder .... ?

4 Ist der Lehrer lieb oder .... ?

5 Ist das Theaterstück traurig oder .... ?

6 Ist das Wetter gut oder .... ?

Kapitel 2

Heidi muss nach Frankfurt

▶ 3 Am nächsten Tag kommt Peter mit den Ziegen, und Heidi geht wieder mit auf die Weide. So geht es jeden Tag. Dann kommt der Herbst. Die Tannen vor der Alphütte rauschen. Es wird kalt, der erste Schnee fällt. Jetzt bringt Peter die Ziegen nicht mehr auf die Alp. Es schneit und schneit, alles ist weiß. Peter steigt[1] durch den tiefen[2] Schnee zu Alp-Öhis Hütte auf. Es ist ihm langweilig ohne Heidi! Und der Alp-Öhi gibt ihm immer etwas zu essen. Peters Großmutter möchte Heidi auch kennenlernen, und so sagt er einmal, bevor er nach Hause geht: „Du sollst zur Großmutter kommen."

Am nächsten Morgen sagt Heidi: „Großvater, ich muss jetzt zur Großmutter, sie wartet."

„Es liegt zu viel Schnee", sagt Alp-Öhi.

Am vierten Tag sagt der Großvater endlich[3]:

---

[1] **aufsteigen, stieg auf, aufgestiegen** an einen Ort gehen, der weiter oben ist

[2] **tief** so, dass etwas von seiner Oberfläche weit nach unten reicht

[3] **endlich** nach langem Warten

„So komm!"

Er wickelt[1] Heidi warm ein, und sie fahren zusammen mit dem Schlitten[2] zur Hütte von Geißenpeter.

„So, jetzt geh hinein, und wenn es dunkel wird, komm wieder heraus", sagt der Großvater und kehrt nach Hause zurück.

Heidi geht in die Hütte und sieht die Großmutter. Peter ist in der Schule. Heidi sagt: „Guten Tag, Großmutter, jetzt bin ich da."

„Bist du Heidi? Ich kann dich nicht sehen, aber ich höre dich."

„Warum kannst du mich nicht sehen?"

„Das Licht kommt nicht mehr zu meinen Augen. Aber ich mag es, wenn man mir etwas erzählt. Was machst du auf der Alp und was macht der Großvater?"

Heidi erzählt von seinem Leben auf der Alp. Der Nachmittag vergeht schnell. Peter kommt nach Hause. Es wird schon dunkel, und Heidi muss gehen.

---

[1] **einwickeln** eine Decke oder Papier um etwas herum legen

[2] **r Schlitten**, - ein Fahrzeug mit zwei Schienen, das auf Schnee und Eis fährt

Jetzt besucht Heidi die Großmutter fast jeden Tag. Der Winter ist schnell vorbei und noch schneller der Sommer und fast schon wieder der Winter. Heidi ist jetzt sieben Jahre alt. Es ist glücklich beim Großvater und den Ziegen.

An einem sonnigen Morgen im März kommt der Pfarrer[1] zu Alp-Öhi. Er sagt: „Warum ist das Kind diesen Winter nicht zur Schule gekommen? Nächsten Winter muss es kommen."

„Nein, das ist zu weit", sagt Alp-Öhi.

„Kommen Sie doch im Winter ins Dorf, zu den anderen Menschen", sagt der Pfarrer.

„Das ist nichts für mich. Die Menschen mögen mich nicht, und ich mag sie nicht."

Am nächsten Tag kommt schon wieder Besuch: Es ist Dete mit einem schönen Hut[2] auf dem Kopf. Sie sagt: „Heidi sieht sehr gesund aus, man sieht, dass es ihm beim Großvater gut geht. Aber jetzt will ich auch wieder etwas für das Kleine machen. Heidi hat großes Glück! Eine reiche[3] Familie in Frankfurt will es zu

---

[1] **r Pfarrer**, - ein Mann, der in einer christlichen Kirche Priester ist

[2] **r Hut**, ¨e etwas, das man als Teil der Kleidung auf dem Kopf trägt

[3] **reich** mit viel Geld oder Besitz

sich nehmen. Die Tochter ist im Rollstuhl und langweilt sich sehr und …"

„Bist du bald fertig?", fragt Alp-Öhi.

Dete wird wütend. „Das Kind ist jetzt fast acht Jahre alt, es kann nichts und weiß nichts und darf nicht zur Schule gehen. Und es ist doch das Kind meiner Schwester!"

„Schweig[1]!", ruft der Großvater. „Dann nimm es mit und komm mir nie mehr vor die Augen mit deinem Hut!"

„Du hast den Großvater böse gemacht", sagt Heidi zu Dete.

„Das macht nichts", antwortet Dete. „Komm jetzt, wo sind deine Kleider?"

„Ich komme nicht."

„Wie? Du wirst es gut haben. In Frankfurt ist es schön, und wenn es dir nicht gefällt, kannst du wieder nach Hause."

Dete nimmt Heidis Kleider und zieht[2] Heidi mit sich den Berg hinunter.

Vor Geißenpeters Hütte sagt Heidi: „Ich

---

[1] **schweigen, schwieg, geschwiegen** kein Wort sagen

[2] **ziehen, zog, gezogen** eine Person oder Sache hinter sich vorwärts bewegen

will noch zur Großmutter, sie wartet doch auf mich."

„Nein, nein, es ist schon viel zu spät. Du kannst ihr dann schöne weiße Brötchen bringen, wenn du wieder aus Frankfurt zurückkommst."

Sie fahren mit dem Zug von Maienfeld bis nach Frankfurt. Im Haus der Familie Sesemann erwartet sie Fräulein Rottenmeier.

„Wie heißt du?", fragt sie das Mädchen.

„Heidi."

„Das ist doch kein richtiger Name!"

„Sie heißt Adelheid", sagt Dete.

„Nun, das kann man besser aussprechen. Was hast du in der Schule gelernt? Welche Bücher kennst du?"

„Keine", sagt Heidi.

„Wie? Hast du denn lesen gelernt?"

„Nein."

„Du kannst nicht lesen?", ruft Fräulein Rottenmeier entsetzt[1].

Dete sagt eilig: „Ich muss jetzt gehen."

---

[1] **entsetzt sein** etwas sehr schlimm finden

Sie geht zur Tür hinaus. Fräulein Rottenmeier läuft ihr nach. Bis jetzt hat Klara Sesemann nichts gesagt. Sie sitzt im Rollstuhl. Jetzt winkt[1] sie Heidi zu sich und fragt: „Willst du lieber Heidi heißen oder Adelheid?"

„Ich heiße nur Heidi."

„Dann will ich dich immer so nennen. Bist du gern nach Frankfurt gekommen?"

„Nein, aber morgen gehe ich wieder nach Hause und bringe der Großmutter weiße Brötchen."

„Aber du bist doch gekommen, um bei mir zu wohnen! Jeden Morgen soll uns der Lehrer Unterricht geben. Wir werden es lustig haben!"

Beim Abendessen zeigt Fräulein Rottenmeier Heidi, wie man schön isst. Dann erklärt sie alle Regeln des Hauses, wie man aufsteht und wie man zu Bett geht, wie man Ordnung hält und die Türen richtig schließt. „Hast du alles verstanden, Adelheid?", fragt sie am Schluss.

Aber Heidi schläft schon lange!

[1]**winken** mit der erhobenen Hand eine Bewegung machen

Lesen & Lernen

1 Welche Antwort passt?

0 ☑*d* Wo sind die Ziegen im Winter?
1 ☐ Wo ist es für Heidi am schönsten?
2 ☐ Was trägt Dete auf dem Kopf?
3 ☐ Warum lebt Öhi nicht im Dorf?
4 ☐ Wie reisen Heidi und Dete nach Frankfurt?

a Einen Hut.
b Im Zug.
c Bei Alp-Öhi.
d Im Dorf unten.
e Weil er die Menschen nicht mag.

Strukturen & Satzbau

2 Setze die Verben am passenden Ort je zweimal in der 3. Person Singular ein.

> fragen • erklären • sprechen • ~~schneien~~ • warten •
> essen • erzählen

0 Es ...*schneit*... und ...*schneit*..., bis alles weiß ist.

1 Dete ....und ...., bis der Großvater wütend wird.

2 Peter .... und ...., bis kein Käse mehr da ist.

3 Heidi .... und ...., bis die Großmutter keine Fragen mehr hat.

4 Die Großmutter .... und ...., bis Heidi wiederkommt.

5 Klara .... und ...., bis sie alles weiß.

6 Fräulein Rottenmeier .... und ...., bis Heidi die Augen zufallen.

28

3 Bilde Sätze, die mit „Ich glaube, dass" anfangen.

0 Die Reise ist lang. *Ich glaube, dass die Reise lang ist.*

1 Die Ziege ist dick. ....

2 Der Film ist langweilig. ....

3 Das Wasser ist warm. ....

4 Frankfurt ist weit weg. ....

Fit in Deutsch 1 – Lesen

4 Lies den Kurztext und kreuze an, ob die Aussagen richtig oder falsch sind.

Maienfeld ist eine Gemeinde in der Schweiz. Die kleine Stadt liegt in den Bergen, auf 500 Metern über Meer. Sie ist fast 1000 Jahre alt. Die alten Stadttore sind nicht mehr da, aber an einigen Orten steht noch ein Teil der alten Stadtmauer. Heute leben etwa 2700 Menschen in Maienfeld. Wegen Heidi kommen jedes Jahr viele Touristen.

		R	F
0	Maienfeld liegt in den Bergen.	X	☐
1	Das Städtchen existiert seit 500 Jahren.	☐	☐
2	Man kann die alte Stadtmauer noch sehen.	☐	☐
3	Jedes Jahr kommen etwa 2700 Touristen.	☐	☐

Vor dem Lesen

5 Wovon erzählt Heidi Klara?

0 Heidi erzählt von (Berge) ....*den Bergen*........... .

1 Heidi erzählt von (Blumen) ....

2 Heidi erzählt von (Ziegen) ....

3 Heidi erzählt von (Milch) ....

4 Heidi erzählt von (Alphütte) ....

Kapitel 3

Das Leben der fremden Stadt

▶ 4   Als Heidi am ersten Morgen in Frankfurt die Augen öffnet, liegt es in einem weißen Bett in einem großen Zimmer. Heidi steht auf und geht zum Fenster. Es sieht nur Mauern[1] und Fenster. Wo ist der Himmel, wo sind die Berge? Traurig setzt sich Heidi auf einen Stuhl und wartet. Nach einiger Zeit kommt Fräulein Rottenmeier: „Was ist mit dir, Adelheid? Warum kommst du nicht zum Frühstück?"

Nach dem Frühstück kommt der Lehrer und gibt Klara und Heidi Unterricht. So vergehen viele Tage. Mit Heidi ist es lustig, und Klara langweilt sich nicht mehr. Heidi erzählt oft von der Alp und dem Leben dort. Dann wird es immer traurig und sagt: „Aber morgen muss ich wirklich[2] nach Hause!"

Bei jedem Essen liegt ein Brötchen neben dem Teller. Heidi isst seine Brötchen nie, es nimmt

---

[1] **e Mauer, n** Wand aus Steinen   [2] **wirklich** unterstreicht eine Aussage

sie heimlich[1] mit in sein Zimmer: Sie sind für die Großmutter.

Aber Fräulein Rottenmeier findet die Brötchen im Kleiderschrank. Entsetzt ruft sie: „Was muss ich sehen, Adelheid! Wir müssen diese alten Brötchen sofort wegwerfen[2]!"

„Nein", ruft Heidi voller Angst[3]. „Die Brötchen sind für die Großmutter!" Es fängt an zu weinen und kann nicht mehr aufhören.

„Heidi, weine nicht so", sagt Klara. „Wenn du dann nach Hause gehst, gebe ich dir viele frische Brötchen für die Großmutter."

Erst da wird Heidi wieder froh[4].

Wenige Tage später kommt ein Gast: Klaras Großmama. Sie ist sehr nett. Großmama hat ein großes, buntes[5] Buch mitgenommen. Sie sehen sich zusammen die Bilder an. Großmama fragt Heidi: „Und, kannst du lesen?"

„O nein, man kann das Lesen nicht lernen, es ist zu schwer, der Peter hat es mir gesagt."

„So? Du musst nicht alles glauben, was ein

---

[1] **heimlich** so, dass es andere nicht sehen
[2] **wegwerfen, wirft weg, warf weg, weggeworfen** etwas, das man nicht mehr haben will, in den Abfall tun
[3] **e Angst**, ¨e das Gefühl, in Gefahr zu sein
[4] **froh** glücklich, nicht traurig
[5] **bunt** in mehreren Farben, farbig

Peter sagt. Wenn du lesen lernst, schenke[1] ich dir dieses Buch, und dann kannst du alle Geschichten darin lesen. Das willst du doch?"

Jetzt übt Heidi jeden Tag die Buchstaben. Schon nach einer Woche kann es lesen. Und am Abend findet es auf seinem Teller das große Buch mit den schönen Bildern.

„Jetzt gehört es dir", sagt Großmama.

Von jetzt an sitzt Heidi am liebsten mit dem Buch auf einem Stuhl und liest Geschichten. Nach einigen Wochen reist Großmama wieder ab. Es wird still im Haus. Heidi isst fast gar nichts mehr, und am Abend weint es leise im Bett und denkt an die Alp.

So vergeht lange Zeit. Heidi weiß nie, ob Sommer oder Winter ist, denn die Häuser vor dem Fenster sehen immer gleich aus. Man sieht kein Gras und keine Blumen, keine Tannen und keine Berge.

Herbst und Winter vergehen, und es wird wieder wärmer. Im Haus Sesemann passieren[2]

---

[1]**schenken** jemandem etwas geben, das er behalten kann   [2]**passieren** geschehen, sich ereignen

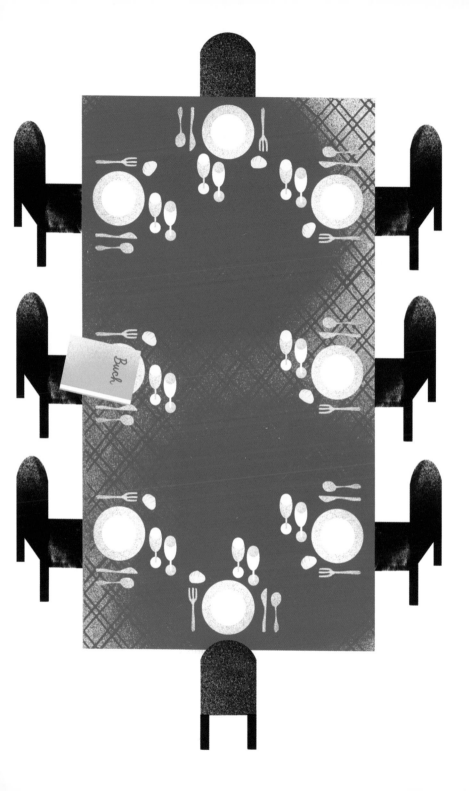

seit einiger Zeit seltsame[1] Dinge. Jeden Morgen steht die Haustür weit offen, und niemand weiß, warum. Am Abend schließt man die Tür jetzt doppelt zu. Aber es nützt[2] nichts: Am Morgen steht sie wieder offen. Fräulein Rottenmeier hat große Angst. Sie bittet die zwei Diener[3] Johann und Sebastian, eine Nacht unten im Zimmer bei der Haustür zu verbringen. Auch die Diener haben große Angst. Sie trinken so viel Likör, dass sie müde werden und einschlafen. Um ein Uhr nachts öffnet Johann die Augen. Ist etwas passiert? Er steht auf und geht leise zur Haustür. Sie steht offen, und auf der Treppe sieht er eine weiße Gestalt[4]! Sofort läuft er in das Zimmer zurück und schließt die Tür mit dem Schlüssel ab. Voller Angst erzählt er Sebastian: „Auf der Treppe war ein Gespenst[5] – husch, und dann war es weg!"

Am Morgen erzählen sie, was Johann gesehen hat. Jetzt hat auch Klara große Angst. Fräulein Rottenmeier schreibt Herrn Sesemann einen Brief. Zwei Tage später steht er vor der Tür: „So, wie

---

[1] **seltsam** ungewöhnlich und nicht leicht zu erklären
[2] **nützen** einen Vorteil bringen
[3] **r Diener, -** jemand, der in einem privaten Haushalt gegen Lohn arbeitet

[4] **e Gestalt, en** eine Figur, die man nicht deutlich erkennen kann
[5] **s Gespenst, er** eine Person, die nach ihrem Tod wieder erscheint, ein Geist

geht es dem Gespenst, Fräulein Rottenmeier?", fragt er.

„Herr Sesemann, lachen Sie nicht. Hier passieren jede Nacht schlimme[1] Dinge."

Sesemann lädt seinen Freund Doktor Classen ein. Sie setzen sich in das Zimmer bei der Haustür und plaudern[2] den ganzen Abend. Dann schlägt die Uhr eins.

„Pst, hörst du?", fragt Classen leise.

Jemand öffnet die Haustür! Die beiden Männer stehen auf und treten leise in den Korridor[3]. Durch die offene Haustür scheint Mondlicht herein. Eine weiße Gestalt steht reglos[4] in der Tür.

„Wer ist da?", ruft der Doktor laut. Das Gespenst schreit[5] leise auf und dreht sich um. Es ist Heidi.

„Was machst du hier?", fragt Sesemann.

Heidi antwortet: „Ich weiß es nicht."

Der Doktor fragt: „Hast du geträumt[6]?"

„Ja ... jede Nacht träume ich das Gleiche: dass ich beim Großvater bin und die Tannen höre ...

---

[1]**schlimm** mit sehr unangenehmen Folgen
[2] **plaudern** mit jemandem auf angenehme und freundliche Art sprechen, ohne etwas sehr Wichtiges, Ernstes zu sagen
[3]**r Korridor, e** Gang in einem Haus
[4]**reglos** ohne sich zu bewegen

[5]**aufschreien, schrie auf, aufgeschrien** mit der Stimme ein lautes Geräusch machen
[6]**träumen** während des Schlafes Bilder und Gefühle erleben

Und dann gehe ich zur Tür und sehe den Himmel. Aber wenn ich erwache, bin ich immer noch in Frankfurt."

„Ist es denn beim Großvater auf der Alp nicht ein wenig langweilig?"

„O nein, dort ist es schön, so schön!", sagt Heidi und fängt an zu weinen.

Der Doktor sagt freundlich: „So, noch ein klein wenig weinen und dann froh schlafen. Morgen wird alles gut."

Als Heidi im Bett ist, sagt er zu Sesemann: „Das Kind hat Heimweh[1]! Es ist ganz mager[2] und krank und muss sofort zurück nach Hause auf die Alp! Mein Arztrezept lautet: Morgen reist das Kind ab." ⬛

---

[1] **s Heimweh** *(nur Sg.)* der starke Wunsch, nach Hause zurückzukehren

[2] **mager** dünn, mit wenig Muskeln und Fett

Lesen & Lernen

1 Richtig oder falsch?

		R	F
0	Heidi lernt lesen.	X	☐
1	Fräulein Rottenmeier schenkt Heidi ein Buch.	☐	☐
2	Klara langweilt sich mit Heidi.	☐	☐
3	Großmama ist einige Wochen zu Besuch bei Klara.	☐	☐
4	Jede Nacht wird die Haustür geöffnet.	☐	☐
5	Klara schreibt ihrem Vater einen Brief.	☐	☐
6	Herr Sesemann hat Angst vor dem Gespenst.	☐	☐
7	Der Freund von Herrn Sesemann ist Arzt.	☐	☐
8	Heidi hat Heimweh.	☐	☐

Worte & Wörter

2 Wähle das passende Wort aus dem Kasten aus.

> doppelt • plaudern • passiert • Treppe • ~~Diener~~ •
> verbringen • Angst • Gespenst

0 Johann und Sebastian sind ......*Diener*........ .

1 Sie schließen die Haustür abends .... zu.

2 Sie .... eine Nacht im Zimmer bei der Haustür.

3 Johann sieht ein ....

4 Er sieht es auf der ....

5 Am Morgen erzählen sie, was .... ist.

6 Jetzt haben alle im Haus ....

7 Sesemann und Classen .... den ganzen Abend im Zimmer bei der Haustür.

Fit in Deutsch 1 – Schreiben

3 **Lies die Anzeige und schreibe eine Antwort in fünf Sätzen.**

Guten Tag!
Ich heiße Anna, bin 14 Jahre alt und lerne seit drei Jahren Deutsch. Im Juli fahre ich mit meinen Eltern für zwei Wochen in die Alpen. Wer lernt auch Deutsch und hat Lust, mitzukommen? Ich möchte viel Deutsch sprechen und viel Spaß haben. Meine Hobbys sind Schwimmen, Tennis spielen, Klettern, ins Kino gehen und Kochen.
Liebe Grüße
Anna

Vor dem Lesen

4 **Ordne die Verben der Fortbewegung der richtigen Beschreibung zu.**

0 ☐c gehen
1 ☐ springen
2 ☐ fahren
3 ☐ wandern
4 ☐ laufen

a eine relativ lange Strecke zu Fuß gehen, meist in der Natur und zum Vergnügen
b sich auf den Füßen schnell fortbewegen
c sich aufrecht in Schritten fortbewegen
d sich mit einem Fahrzeug fortbewegen
e sich mit einem oder mit beiden Beinen kräftig vom Boden abstoßen, sodass man sich durch die Luft bewegt.

Kapitel 4

Rückkehr auf die Alp

▶ 5 Früh am Morgen weckt Sesemann Fräulein Rottenmeier und die Diener. „Bereitet sofort Heidis Abreise vor!"

Fräulein Rottenmeier legt Heidis Kleider und auch viele Kleider von Klara in einen großen Koffer[1]. Heidi ist so aufgeregt[2], dass es nichts essen kann. Klara zeigt Heidi zwölf schöne weiße Brötchen: Sie sind für die Großmutter! Dann ist schon der Wagen[3] bereit. Heidi holt im letzten Moment noch sein Buch, das unter dem Kopfkissen[4] liegt. Und schon sind Heidi und Sebastian am Bahnhof und im Zug.

In Maienfeld verabschiedet[5] sich Sebastian. Heidi darf mit dem Bäcker[6] ins Dorf mitfahren. Im Dorf lässt Heidi den Koffer stehen und läuft mit den Brötchen hinauf zur Alp.

Jetzt sieht es die Hütte von Geißenpeter. Es läuft noch schneller. Endlich ist es da.

[1] **r Koffer**, - ein großer, fester Behälter für Kleidung und andere Dinge
[2] **aufgeregt** unruhig, nervös
[3] **r Wagen**, - ein Fahrzeug auf Rädern zum Transport von Personen oder Lasten
[4] **s Kopfkissen**, - Hülle mit einer weichen Füllung, auf die man den Kopf legt
[5] **sich verabschieden** sich mit einem Gruß von jemandem trennen
[6] **r Bäcker**, - macht und verkauft Brot

Glücklich öffnet Heidi die Tür und eilt in die Hütte.

„Wer ist da?", fragt die Großmutter.

„Ich bin es, ich bin wieder da und habe auch weiße Brötchen für dich!"

Die Großmutter freut sich sehr. Heidi bleibt aber nicht lange, es will nach Hause zum Großvater. Die Geißenpeterin sagt: „Pass auf, Peter sagt, dass der Alp-Öhi jetzt immer böse ist und mit niemandem mehr spricht."

Aber Heidi hat keine Angst. Es geht weiter den Berg hoch. Die Abendsonne leuchtet wunderbar auf die grüne Alp. Alles ist noch viel schöner als in Heidis Erinnerung[1]. Bald sieht Heidi die Tannen und die Hütte. Der Großvater sitzt auf der Bank vor der Hütte. Heidi stürzt[2] glücklich zu ihm hin und ruft: „Großvater! Großvater! Großvater!"

Der Großvater freut sich, dass Heidi wieder da ist. Heidi gibt ihm einen Brief, in dem Sesemann alles erklärt.

---

[1] e Erinnerung, en ein Eindruck aus der Vergangenheit, den man nicht vergessen hat

[2] hinstürzen plötzlich schnell irgendwohin laufen

Wenig später hört Heidi, dass Peter mit den Ziegen kommt. Es ruft: „Guten Abend, Peter! Schwänli, Bärli, kennt ihr mich noch?"

Die Ziegen springen[1] zu Heidi. Peter lacht froh und sagt: „Bist du wieder da? Kommst du morgen mit auf die Alp?"

„Nein, morgen muss ich zur Großmutter, sie wartet auf mich, aber übermorgen vielleicht."

Aber am übernächsten Morgen ruft der Großvater: „Komm, Heidi! Die Sonne ist da! Zieh einen guten Rock an, wir gehen in die Kirche!"

Das ist etwas ganz Neues. Auch der Alp-Öhi hat seine Sonntagskleider angezogen. Zusammen wandern sie den Berg hinunter. Von allen Seiten hören sie die hellen Glocken[2] klingen. Sie setzen sich in der Kirche auf die hinterste Bank. Alle flüstern[3]: „Der Alp-Öhi, der Alp-Öhi!".

Nach dem Gottesdienst[4] geht der Alp-Öhi mit Heidi zum Pfarrer. Der Pfarrer begrüßt den Großvater herzlich. Alp-Öhi sagt: „Ich möchte mich für das entschuldigen, was ich auf der Alp

---

[1] **springen, sprang, gesprungen** sich mit einem oder beiden Beinen kräftig vom Boden abstoßen, sodass man sich durch die Luft bewegt

[2] **e Glocke, n** ein Gegenstand aus Metall, der hell klingt, wenn man ihn bewegt
[3] **flüstern** sehr leise sprechen
[4] **r Gottesdienst, e** religiöse Feier zur Verehrung von Gott

gesagt habe. Sie haben Recht gehabt. Im nächsten Winter will ich mit Heidi ins Dorf kommen."

Die Augen des Pfarrers glänzen[1]. „Es freut mich sehr, dass Sie wieder mit uns leben wollen!", sagt er.

Die Leute sehen, wie freundlich der Öhi und der Pfarrer miteinander sprechen. Jetzt grüßen sie den Alp-Öhi und sagen: „Schön, dass Sie auch wieder einmal zu uns kommen!"

Auf dem Nachhauseweg gehen Heidi und der Großvater bei der Großmutter vorbei. Da kommt Peter mit einem Brief in der Hand herein und ruft: „Ein Brief für Heidi!"

Das hat es noch nie gegeben. Alle setzen sich an den Tisch, und Heidi liest den Brief laut vor. Er ist von Klara. Sie schreibt, dass es in Frankfurt ohne Heidi sehr langweilig ist. Aber nächsten Sommer will sie mit ihrem Papa und der Großmama auf die Alp zu Besuch kommen.

Die Großmutter und die Geißenpeterin freuen sich, dass der Alp-Öhi jetzt wieder mit den Leuten

[1] **glänzen** strahlen, leuchten

spricht. Man plaudert noch lange an diesem Nachmittag.

Der Sommer und der Herbst vergehen, es wird wieder Winter. Der Alp-Öhi zieht mit Heidi und den Ziegen ins Dorf hinunter. Jeden Morgen und jeden Nachmittag geht Heidi jetzt zur Schule und lernt eifrig[1], was da zu lernen ist. Peter geht fast nie zur Schule. Seine Hütte liegt tief im Schnee. Aber gegen Abend kommt er doch fast immer ins Dorf hinunter und besucht Heidi.

An einem Winterabend läuft Heidi zur Begrüßung auf ihn zu und ruft: „Peter, ich weiß etwas! Du musst jetzt lesen lernen!"

„Ich kann es aber nicht lernen."

„Das glaubt dir kein Mensch und ich auch nicht. Ich zeige dir, wie es geht. Wir fangen gleich an."

Peter hat keine große Lust, aber sie üben jetzt jeden Tag das ABC. Nach der großen Anstrengung[2] darf Peter meistens zum Abendessen bleiben. Er geht jetzt auch fast jeden Tag zur Schule: Heidi will es so.

---

[1] **eifrig** mit intensivem Bemühen, ein Ziel zu erreichen

[2] **e Anstrengung, en** eine Tätigkeit, die den Körper sehr stark belastet

Eines Abends sagt Peter zu seiner Mutter: „Ich kann's!"

„Was kannst du, Peter?", fragt die Mutter.

„Lesen."

„Oh, hast du gehört, Großmutter?"

Peter sagt: „Großmutter, ich muss dir ein Lied vorlesen, Heidi hat es gesagt."

Von jetzt an liest Peter der Großmutter jeden Abend ein Lied vor. Aber nie zwei, und die Großmutter bittet ihn auch nie darum, denn Peter liest nur die kurzen Wörter. Die langen lässt er weg, damit es nicht zu schwer ist. Die Großmutter freut sich, aber sie wartet auch auf den Frühling, wenn Heidi sie wieder besucht und ihr ganze Lieder vorliest! ■

Worte & Wörter

1 Die Buchstaben sind durcheinandergeraten! Erkennst du die Wörter?

0 Fräulein Rottenmeier legt Heidis (derelki) ...._Kleider_.... in den Koffer.

1 Heidis (cubh) .... liegt noch unter dem Kopfkissen.

2 Klara gibt (idehi) .... Brötchen.

3 Heidi fährt mit dem (ganew) .... zum Bahnhof.

4 Der (gzu) .... fährt bis Maienfeld.

5 Der Großvater sitzt auf der (kabn) .... vor der Hütte.

6 Die (nentan) .... rauschen.

7 Die (zeneig) .... kennen Heidi noch.

8 Peter fragt Heidi: „Kommst du morgen mit auf die (lap) .... ?"

Strukturen & Satzbau

2 Setze die Präpositionen an der richtigen Stelle ein.

> an • auf • bei • ins • mit • nach • ~~ohne~~ • von • vor

0 ...._ohne_...... Heidi ist es langweilig.

1 .... allen Seiten kommen Ziegen.

2 .... Alp-Öhi ist es am schönsten!

3 Die Bank steht .... dem Haus.

4 Ich freue mich .... den Frühling.

5 Heidi reist .... Sebastian im Zug.

6 Der Bäcker fährt mit dem Wagen .... Dorf.

7 Sebastian fährt zurück .... Frankfurt.

8 Setz dich .... den Tisch!

3 Bilde Fragen.

0 (du/dich freuen) .... *Freust du dich?* ....

1 (ich/ihn/kennen) ....

2 (ihr/über wen/lachen) ....

3 (es/wo/schöner sein) ....

4 (wir/was/trinken) ....

5 (du/wann/kommen) ....

6 (er/dir/glauben) ....

Fit in Deutsch 1 – Sprechen

4 Thema Familie: Stelle Fragen mit den Fragewörtern in den Kreisen.

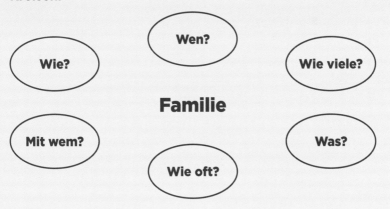

Vor dem Lesen

5 Welcher Satzanfang passt zu welchem Satzende?

0 Im Winter liegt ...	**a**	mit großem Appetit.
1 Peter sitzt ...	**b**	unerwartet zu Besuch.
2 Peter isst ...	**c**	in den Bergen Schnee.
3 Heidi will ...	**d**	einen Koffer.
4 Der Großvater trägt ...	**e**	im Gras.
5 Im Sommer ist ...	**f**	die Alp grün.
6 Die Geißenpeterin kommt ...	**g**	alle glücklich machen.

Kapitel 5

Sommer mit Klara

▶ 6 Der Frühling ist da. Die Alp ist wieder grün. Die Tage werden immer länger. Eine seltsame Gruppe kommt den Weg zu Öhis Alphütte hinauf: Zwei Männer, die ein Mädchen tragen, eine ältere Frau auf einem Pferd[1], ein Mann mit einem leeren Rollstuhl und ein anderer Mann mit Gepäck. „Sie sind's!", ruft Heidi froh.

Sie sind es wirklich. Voller Freude begrüßen Heidi und Öhi Klara und die Großmama.

„Oh, wie schön es bei euch ist!" ruft Klara.

Öhi setzt Klara in den Rollstuhl, und Heidi zeigt ihr den Stall und die Tannen und die Hütte. Später essen sie gebratenen Käse. Am Nachmittag reist Großmama wieder ab. Klara darf einige Wochen bei Heidi bleiben.

Am Abend kommt Peter mit den Ziegen von der Alp. Klara freut sich, dass sie endlich Bärli und Schwänli kennenlernt. Aber Peter blickt böse.

[1] **Pferd**, e großes Tier mit einem Schwanz aus langen Haaren, man reitet darauf oder lässt es einen Wagen ziehen

Er will Heidi für sich allein haben. Und jetzt sagt Heidi: „Peter, ich kann jetzt lange, lange nicht mit dir auf die Alp kommen. Aber einmal komme ich mit Klara hinauf, der Großvater hat es versprochen[1]."

Klara und Heidi freuen sich auf den Ausflug. Endlich kommt der Tag. Der Öhi stellt den Rollstuhl vor die Tür und weckt die Kinder. Als Peter kommt und den Rollstuhl sieht, wird er wütend. Er läuft zum Stuhl und stößt[2] ihn den Berg hinunter. Haha, jetzt muss das fremde Kind abreisen, weil es nicht mehr herumfahren kann! Peter lacht und läuft mit seinen Ziegen schnell davon. Der Großvater kommt mit Klara auf dem Arm aus der Hütte. „Wo ist denn der Rollstuhl, Heidi?", fragt der Großvater.

„Ich weiß es auch nicht! Vielleicht hat ihn der Wind weggeblasen[3]?", antwortet Heidi.

Seltsam ist auch, dass Peter nicht kommt. Schließlich[4] gehen sie ohne Peter los, und der Öhi trägt Klara. Als sie mit Schwänli und Bärli

[1]versprechen, versprach, versprochen sagen, dass man etwas ganz sicher machen wird
[2]stoßen, stieß, gestoßen etwas mit einer schnellen, kräftigen Bewegung von sich weg bewegen
[3]wegblasen, blies weg, weggeblasen durch starken Wind wegbewegen
[4]schließlich nach langem Warten, endlich

oben auf der Alp ankommen, ist Peter schon da.

„Warum bist du heute nicht bei uns vorbeigekommen? Und hast du den Rollstuhl gesehen?", fragt der Großvater.

„Welchen Stuhl?", fragt Peter.

Der Öhi antwortet nicht. Er setzt Klara ins Gras und verabschiedet sich dann: „Ich komme gegen Abend wieder!"

Heidi und Klara sitzen im Gras und genießen[1] den schönen Sommertag. Klara lernt alle Ziegen kennen. Dann sagt Heidi: „Komm mit, Klara, dort wachsen so schöne Blumen. Ich trage dich!"

Aber Klara ist zu schwer. Heidi ruft Peter. Peter will nicht kommen. Heidi wird wütend und sagt: „Wenn du nicht sofort kommst, gebe ich dir nichts von meinem Mittagessen!"

Da steht Peter auf und kommt. Die beiden stützen[2] Klara. Klara macht einen Schritt[3]. Oh, das schmerzt[4]! Aber mit jedem Schritt geht es besser. Endlich sind sie bei den Blumen. Sie setzen sich

---

[1] **genießen, genoss, genossen** Freude bei etwas Angenehmem empfinden
[2] **stützen** jemandem Halt geben, helfen, dass er nicht fällt

[3] **r Schritt, e** die Bewegung, mit der man beim Gehen oder Laufen einen Fuß hebt
[4] **schmerzen** ein unangenehmes Gefühl im Körper verursachen

und Klara ruht[1] sich aus. Sie ist so glücklich, dass es auch ohne Rollstuhl geht!

Jetzt kommen für Klara die schönsten Tage auf der Alp. Sie übt und kann jeden Tag ein bisschen besser gehen. Schon kommt der Tag, der die Großmama bringt. Als die Kinder die Großmama auf ihrem Pferd kommen sehen, stehen sie auf und machen einen kleinen Spaziergang[2]. Großmama kann fast nicht glauben, was sie sieht. Lachend und weinend umarmt[3] sie Klara und Heidi. Dann setzen sie sich und Klara erzählt, wie der Wind den Rollstuhl weggeblasen hat und wie Heidi und Peter sie bei den ersten Schritten gestützt haben. Wenig später sehen sie, dass ein unerwarteter Gast den Weg hochkommt: Herr Sesemann! Klara und Heidi stehen auf und gehen ihm entgegen. Auch der Vater ist überglücklich!

Plötzlich[4] sieht Großmama Peter hinter den Tannen. Sie ruft: „Komm, mein Junge, komm!"

Aber Peter kommt nicht, er hat große Angst. Er denkt, dass Sesemann ein Polizist aus Frankfurt

---

[1] **sich ausruhen** nach einer Anstrengung ruhen und sich erholen
[2] **r Spaziergang, ¨e machen** langsam gehen, meist ohne ein Ziel zu haben
[3] **umarmen**, die Arme um jemanden legen
[4] **plötzlich** schnell und überraschend

ist, der ihn holen will. Er hat doch den Rollstuhl den Berg hinuntergestoßen!

„Warum zittert[1] dieser Junge so, mein lieber Öhi?", fragt Großmama.

„Dieser Junge ist der Wind, der den Rollstuhl weggeblasen hat. Aus Eifersucht[2]. Und jetzt hat er Angst vor der Strafe[3]."

Aber Großmama will ihn nicht strafen: „Komm, mein Junge, und hör zu: Du hast etwas Böses getan, aber es war auch etwas Gutes. Dank dir hat Klara laufen gelernt!"

Peter ist sehr froh, dass Sesemann kein Polizist ist und dass ihn niemand strafen will.

Am nächsten Morgen reisen Klara, ihr Vater und Großmama ab.

„Kommt nächsten Sommer wieder!", ruft Heidi und winkt ihnen, bis sie verschwunden sind. ▪

---

[1] **zittern** schnelle, kleine, unkontrollierte Bewegungen machen
[2] **e Eifersucht** (*nur Sg.*) Angst, die Liebe eines anderen Menschen zu verlieren
[3] **e Strafe, n** die unangenehme Folge, die ein falsches Verhalten haben kann

Lesen & Lernen

1 Welches Verb passt?

> denkt • hat • übt • geht • ~~winkt~~ • sitzt • will

0 Heidi ....*winkt*........., bis Klara verschwunden ist.
1 Großmama .... Peter nicht strafen.
2 Peter ...., dass der Mann ein Polizist ist.
3 Klara .... ihrem Vater entgegen.
4 Klara .... jeden Tag.
5 Großmama .... auf einem Pferd.
6 Peter .... große Angst.

Worte & Wörter

2 Welche Verben stecken in diesen Substantiven?

0 die Fahrt .... *fahren* ....
1 der Rollstuhl ....
2 der Spaziergang ....
3 die Strafe ....
4 die Freude ....
5 die Abreise ....
6 die Übung ....

Strukturen & Satzbau

3 Dativ oder Akkusativ? Setze das Personalpronomen ein.

0 Hast du (Peter) ....*ihn*......... gesehen?
1 Gibst du (ich) .... einen Bleistift?
2 Heidi begrüßt (Freundin) .... voller Freude.
3 Öhi kommt mit (Ziege) .... aus dem Stall.
4 Klara geht (Vater) .... entgegen.
5 Heidi bringt (Brot) .... zur Großmutter.
6 Großmama hilft (Klara) .... gern.

4 Lies die Beschreibung und beantworte die Fragen.

Ferienkurs Akrobatik und Malen

Hast du Lust, Kunststücke zu lernen und Kunstwerke zu malen? Dann bist du in unserem Kurs am richtigen Ort. Jeden Vormittag üben wir in der Turnhalle akrobatische Kunststücke. Nach dem Mittagessen in der Schule zeigen uns lokale Künstler ihre Maltechniken, die wir auch gleich ausprobieren. Am Donnerstag besuchen wir eine Künstlerin in ihrem Atelier, am Freitagabend gibt es eine große Akrobatikvorstellung für Eltern, Geschwister und Freunde. Der Kurs findet in der ersten, dritten und fünften Ferienwoche statt. Teilnehmerzahl: 10 bis 15 Jugendliche pro Kurs, Mindestalter 12 Jahre.

		R	F
0	Dieser Kurs findet mehrmals statt.	X	☐
1	Morgens sind die Teilnehmer in der Turnhalle.	☐	☐
2	Die Teilnehmer sind zehn bis fünfzehn Jahre alt.	☐	☐
3	Am Freitag darf auch die Familie Kunstwerke malen.	☐	☐

Eine unbekannte Autorin, eine weltbekannte Figur

Johanna Spyri

Die Schriftstellerin Johanna Spyri-Heusser wurde 1827 im kleinen Dorf Hirzel in der Nähe von Zürich (Schweiz) geboren.

Ihr Vater war Dorfarzt, ihre Mutter war Autorin religiöser Gedichte. Der Großvater war Dorfpfarrer.

1852 heiratete sie den Juristen Bernhard Spyri und zog nach Zürich, wo 1855 ihr Sohn Bernhard zur Welt kam. 1868 wurde ihr Mann Stadtschreiber von Zürich und damit zu einer wichtigen Persönlichkeit der Stadt.

Johanna Spyri war eine große Leserin. Erst mit über 40 Jahren begann sie selbst zu schreiben. Rund zehn Jahre später erschien die Geschichte von Heidi, die noch heute jedes Kind kennt. Trotz ihres Erfolgs führte die Autorin immer ein zurückgezogenes Leben. Bis zu ihrem Tod 1901 in Zürich veröffentlichte sie rund 50 Erzählungen. Aber keine andere ist so berühmt geworden wie *Heidi*.

Das Johanna-Spyri-Museum in Hirzel

Im alten Schulhaus von Hirzel, erbaut 1660, wurde 1981 zu Ehren von Heidis Erfinderin ein Museum eingerichtet. Als Kind ging Johanna Spyri hier zur Schule. Heute sind in den Räumen Fotos, Gegenstände und Dokumente der Schriftstellerin und ihrer Familie ausgestellt. Es gibt auch ein Heidi-Zimmer, in dem man alles rund um die berühmte Kinderfigur findet.

Die Geschichte von Heidi

1880 erschien der erste Band der Heidi-Geschichte: *Heidi. Lehr- und Wanderjahre.* Darin wird die Zeit von Heidis Ankunft bei Alp-Öhi bis zum Aufenthalt in Frankfurt erzählt. Das Buch stieß sofort auf großes Interesse. Ein Jahr später erschien unter dem Titel *Heidi kann brauchen, was es gelernt hat* die Fortsetzung. Im zweiten Band geht es um Heidis Rückkehr auf die Alp und sein Leben nach den Jahren in Frankfurt. Johanna Spyri siedelte die Geschichte auf einer Alp oberhalb von Maienfeld im Kanton Graubünden an. Die geografischen Details sind aber frei erfunden.

Vielleicht hat und hatte Heidi so großen Erfolg, weil man sich mit der Figur sehr gut identifizieren kann. Anders als die meisten anderen Kinderbuchautoren ihrer Zeit schreibt Johanna Spyri ganz aus der Perspektive des Kindes und steht auf seiner Seite. Es gibt keine moralischen Kommentare.

Der Untertitel der Heidi-Bände und vieler anderer Bücher von Johanna Spyri lautet: „Eine Geschichte für Kinder und auch für solche, welche die Kinder lieb haben".

Der Traum vom einfachen Leben

Die typische „Heidi-Frisur" hat nichts mit Heidis dunklen Locken in Spyris Roman zu tun.

Heidis Weg in die Welt

Die Geschichte von Heidi hatte großen Erfolg. Der Kinderroman wurde in über 50 Sprachen übersetzt. Überall auf der Welt begeisterten sich die jungen Leserinnen und Leser für das etwas rebellische, aber gutherzige Kind und sein einfaches Leben auf der Alp.

Heute existiert die Figur Heidi losgelöst von Johanna Spyris Roman. Abenteuer werden und wurden neu dazu erfunden. „Heidi" ist gleichbedeutend mit gesund, rein, natürlich, traditionell. Der Name wird oft auch in der Werbung verwendet: Es gibt Heidi-Eis, Heidi-Milch, Heidi-Käse und vieles mehr.

Heidi-Filme

Der erste Heidi-Film entstand 1920 in den USA und war ein Stummfilm. Darauf folgten bis heute zahlreiche weitere Spielfilme und Serien.
Viele davon gehen mit der Originalfassung sehr frei um. 1952 wurde in der Schweiz der erste deutschsprachige Heidi-Film gedreht, 1955 folgte eine Fortsetzung. Die beiden Filme gelten heute als die klassischen Heidiverfilmungen.
Ein Meilenstein in Heidis Geschichte ist die japanische Zeichentrickserie aus den 1970er-Jahren. Dank ihr erreichte Heidis Beliebtheit einen Höhepunkt.

Die Heidi-Serie von 1978

Das Heididorf

Johanna Spyri hat Heidis Geschichte frei erfunden. Auch die Alphütten von Heidi und Peter sind erfunden. Aber in der Nähe von Maienfeld hat man für Heidi-Fans ein „Heididorf" eingerichtet. Dort kann man Heidis Haus besichtigen. Die Gegenstände stammen aus dem 19. Jahrhundert: So könnte es bei Heidi zu Hause im Dorf wirklich ausgesehen haben. Im Wohnzimmer kann man sich zu einer Heidi-Figur und einer Peter-Figur an den Tisch setzen. Es gibt auch einen Ziegenstall. Draußen spazieren echte Ziegen herum, die man streicheln darf.

Heididorf

Wenn man vom Heididorf aus auf dem Heidi-Erlebnisweg weiterwandert, gelangt man auf die Heidialp. Dort steht mitten in der Berglandschaft Alp-Öhis Alphütte: Sie sieht fast genauso aus, wie man sie aus dem Trickfilm kennt.
Das Heididorf und die Heidialp sind auch für viele ausländische Touristen ein Grund, nach Maienfeld im Kanton Graubünden zu reisen.

Teste dich selbst

Löse das Kreuzworträtsel. Wie lautet das Lösungswort?

1	2	3	4	5	6	7	8	9	10	11	12

Waagrecht:

1 Zum Vergnügen durch die Berge gehen

2 Städtchen in der Nähe von Heidis Alp

3 Das bringt Heidi der Großmutter aus Frankfurt (ö = oe)

4 Tier, auf dem Großmama auf die Alp reitet

5 Die „Krankheit", die der Grund ist, dass Heidi wieder nach Hause auf die Alp darf

6 Das Gegenteil von „unten"

7 Das lernt Heidi in Frankfurt und bringt es dann Peter bei

8 Das gibt es bei Alp-Öhi zu essen (ä = ae)

Senkrecht:

9 Darauf sitzt Alp-Öhi vor der Hütte

10 Taufname von Heidi

11 Geiß

12 Nachname von Klara

13 Dorthin geht Peter mit den Ziegen

14 Vorname der Erfinderin von Heidi

Syllabus

///

Themen
Alpen und Natur
Gegensatz Stadt–Land
Verwandtschaft
Armut und Reichtum
Idylle
Gefühle
Jahreszeiten
Schweiz

Sprachhandlungen
über Personen, Gegenstände und Orte sprechen,
Orte beschreiben, Dinge erzählen und beurteilen,
Anweisungen geben, Fragen stellen und beantworten,
sich vorstellen

Grammatik
das Verb: Präsens
die Nomengruppe: Substantive im Nominativ, Dativ
und Akkusativ
Personalpronomen im Nominativ, Dativ und Akkusativ
Fragepronomen
Präpositionen mit Dativ und Akkusativ

Junge (ELI) Lektüren

Niveau 1
Brüder Grimm, *Frau Holle*
G. A. Bürger, *Baron von Münchhausen*
Wilhelm Hauff, *Der Zwerg Nase*
Johanna Spyri, *Heidi*

Niveau 2
Anonym, *Till Eulenspiegel*
Mary Flagan, *Das altägyptische Souvenir*
Friedrich Schiller, *Wilhelm Tell*
Anonym, *Das Nibelungenlied*
B. Brunetti, *So nah, so fern*
Mary Flagan, *Hannas Tagebuch*
Maureen Simpson, *Tim und Claudia suchen ihren Freund*
E. T. A. Hoffmann, *Nussknacker und Mausekönig*

Niveau 3
E. T. A. Hoffmann, *Der Sandmann*
Maureen Simpson, *Ziel: Karminia*